AF338004

LA FRANCE

ET

LA PRUSSE

L'EUROPE ET LA LÉGITIMITÉ MODERNE

« L'Histoire est à faire »
(Chateaubriand).

L'Histoire de France est le
flambeau de la civilisation.

PARIS

3, RUE CUSTINES, CHEZ L'AUTEUR,

et chez les libraires du Palais-Royal.

BORDEAUX

Chez les principaux Libraires.

1878

LA FRANCE ET LA PRUSSE

L'EUROPE ET LA LÉGITIMITÉ MODERNE

Monseigneur, [1]

Vous eûtes pour père un homme qu'avait allaité à sa mamelle, au milieu des générations modernes, cette République éternelle, fille de Dieu et des éléments, qui garde depuis trois mille ans les Thermopyles de l'honneur et de la liberté, sans laisser forcer le passage.

Puisque voilà la République française devenue caudataire de la Prusse, et que les reptiles de la Sprée nous envoient, pour nous catéchiser, des *Père Duchêne* de leur peau et de leur langue; il importe de savoir à quel titre un homme peut se dire républicain, sans qu'il y ait mise en demeure pour son voisin de porter la main sur sa bourse pour la préserver, ou sur ses armes pour se défendre.

Valois par le génie et Bourbon par le cœur, le Duc d'Orléans était au niveau des plus hautes aspi-

(1) Le Comte de Paris.

rations modernes. L'air lui manqua, dans un monde asphyxié d'athéisme et de matérialité, sur un sol tout brûlant de conspirations et de haines. L'accident qui brisa ses jours n'emporta qu'une destinée déjà détachée de l'espérance. Il a laissé son fils sur la plus rude pente du Calvaire monarchique, une main sur la tombe paternelle ; l'autre, dans la main du petit-fils de Charles X.

Je ne connais pas de scène plus navrante que la conférence où les quatre évangélistes de la gauche rappelaient à Louis Philippe un prétendu programme de l'Hôtel-de-Ville, et des *promesses de Juillet*. « Un programme ! c'est un infâme mensonge ; » des promesses ? Et que voulez-vous que je vous » donne ? Vous avez la charte débarrassée de l'art. » 14, et c'est la majorité qui gouverne ; que me » demandez-vous ? » Ai-je les éléments dans la main pour vous faire un monde à souhait ?

Luther avait déclaré la guerre à Dieu et à l'humanité. « Au ban de Dieu, les paysans, et de nos sei-» gneurs les barons. »

L'Univers, *soi-disant religieux*, a pris pour son compte l'œuvre du libéral d'outre-Rhin, et fait, de son blasphème, « renaissance, décadence, » délayé dans les eaux du sanctuaire, le fonds doctrinal de la catholicité ; c'est la civilisation rasée à plat.

Et les décorations du temple jonchent la rue ; les vases sacrés et les ustensiles de cuisine roulent pêle-mêle à l'égoût, et les chefs-d'œuvre de Raphaël coiffent des meubles infâmes. Tous les problèmes de l'histoire amassés sur nos têtes nous donnent les angoisses du moyen-âge, celles de la Renaissance et aussi les désolations de la Terreur ; quand l'âme humaine, étouffée entre la force brutale et l'inquisition s'échappait en désespoirs indéfinissables et divinisait le mal.

Retrouver Dieu sous les ruines du Temple ; retrouver l'homme et le culte de Dieu dans le déluge des arts ; retrouver le pouvoir et la constitution du patronage social, sous les débris des trônes renversés ; voilà la nécessité qui pèse sur l'heure présente, sous peine, pour la France, de devenir fouillis et jonchée sous les pieds du socialisme européen.

N'en sommes-nous pas revenus à la misère du moyen-âge, quand la loi, impuissante pour la protection publique disait : Que chacun défende son « champ? » C'est le point de départ de cet écrit ; pour défendre une chétive vie, foyer, famille héritage, nécessité est de défendre la Société sur la pierre de son foyer.

Si la France qui avait repris, par ses trois grands siècles, toutes les grandes époques de l'histoire juive, grecque, romaine, est tombée au dernier degré de la misère humaine, c'est par une raison navrante à connaître, quand la lumière, sur ce point, est le fruit d'une expérience accablante.

L'âge philosophique de notre histoire eut des philosophes, restés le phare de leur temps. L'âge classique eut des poètes dont la vie fut un poème. L'ère des légistes ou du droit civil a sonné depuis 89 ; le bagne est roi. Le bagne, ici, veut dire la secte qui soulève le cœur de dégoût au républicain

Raspail, et laquelle a ramené d'un trait notre système légal à la justice des temps barbares : l'homme juge et partie. Il est vrai qu'ils ont trouvé la France au coin d'une borne, dans un tas de chiffons et d'ordures ; ils l'ont jetée dans leur hotte ; ils la détaillent à la friperie.

Eh bien, puisque la Révolution en est à l'heure de son bilan et que la secte règne, je l'accuse, à titre civil, pour les énormités du procès Calas, que je porte devant les deux Assemblées, et je la poursuis, à titre politique, comme l'assassin de ma patrie.

Si, au temps des conspirations qui suivirent 1830, les amis du duc d'Orléans, devenus ceux du Prince à qui ces pages sont adressées, trouvèrent des auxiliaires fidèles, soit comme maires, soit comme conseillers d'arrondissement ou de département, dans la parenté de ceux qui parlent par ma voix, nous avons confiance que nous serons payés de réciprocité. C'est notamment à l'honorable M. Bocher, député du Gers, que je rappelle ces antécédents, persuadé que les honnêtes gens de son parti et de tous les partis ne laisseront pas les biens, la vie d'une famille d'honnêtes gens à la merci des malfaiteurs qui font métier de préluder par le brigandage privé au brigandage politique.

Chap. I. — Un plan divin s'impose dans l'Histoire.

Non, certes, le monde n'est pas un chaos. Sur un point du globe, le ciel s'est ouvert au poète pour lui donner, avec la première vue de l'infini et la forme personnelle des attributs divins, la religion naturelle et la civilisation par la liberté, et les fruits de cette révélation sont impérissables. Ninive, Babylone, Persépolis ont disparu. Athènes, regain sacré de la Bible, annonce, par ses renaissances inépuisables, la nature du germe divin, grâce à qui elle refleurit éternellement; et chaque fois que l'humanité, éternellement progressive, voudra se rapprocher du beau absolu, c'est à la Grèce qu'elle le demandera. — Proud'hon.

Sur un point du globe, l'humanité a parlé à l'homme, à titre divin, pour donner une religion surnaturelle au monde et la civilisation par l'autorité : « Le christianisme a produit ce qu'il y » eût de plus héroïque sur la terre. » — G. Sand.

Un seul foyer de vie a reçu la lumière des arts et de la Bible, pour constater, par l'unité de la religion et des lettres, la consanguinité des deux révélations juive et grecque. Et une fois le monde classique épuisé et l'Orient versé aux égouts de Rome, c'est à Rome exclusivement, et par elle, que s'est levée de nouveau sur le monde la grande magistrature du vrai, du beau et du juste réconciliés. Enfin, un seul chantier de labeur reçoit la matière romaine pour lui donner, sous la main de la liberté, une nouvelle vie. Les trois siècles de saint

Louis et de Louis XIV, comme celui de Chateaubriand et de Louis XVI, par qui fut consommée (1) l'alliance de l'ordre naturel avec l'ordre classique, par le dogme, la forme et la loi, n'ont fleuri que sur les bords de la Seine. De ces données historiques se conclut l'existence d'un plan providentiel, ayant pour objet la restauration des trois cultes dont se compose la religion naturelle, laquelle ne fut dans l'antiquité qu'une aspiration, non une possession d'état, eu égard à l'existence isolée des trois cultes classiques. Transfusés dans le génie chrétien et refleuris par nos trois renaissances, ils tendent à composer le culte universel qui donnera son patronage complet à la société.

L'autorité classique a fixé le rapport de l'esprit humain avec le monde à qui l'homme a pu dire : Tu n'es pas Dieu, mais l'expression des attributs divins (2).

Ce rapport, ce commerce, c'est la première raison de la vie.

Elle a fixé l'harmonie de l'esprit avec le corps de l'idée naturelle, avec sa forme légitime, c'est-à-dire la vérité morale, qui est la seconde loi de raison, la seconde justice de la vie.

Elle a fixé le rapport de l'homme avec son semblable, par l'égalité du droit, c'est-à-dire la raison et la justice sur le domaine civil et la troisième loi de la vie. Toute la religion naturelle est là ; et ce qu'il est permis à l'homme de connaître, par

(1) Dans l'ordre des principes, non sur le domaine des faits.

(2) Homère paraît, l'homme se sent libre au sein de l'Univers. — Lamennais.

l'histoire, du plan providentiel, en arrière du christianisme.

De ce côté de la croix, l'objet historique du plan divin, objet visible, qui remplit les siècles, c'est l'alliance de la beauté antique, qui est de forme, avec la beauté chrétienne qui est d'esprit. Son but moral, c'est de refaire l'homme complet et primitif, triple et un comme son auteur; par le vrai, le beau et le juste incarnés dans sa vie; le printemps se répète, fleurs et verdure, dans une goutte de rosée.

L'antiquité fournit au plan social les trois matériaux classiques; le christianisme fournit le ciment qui doit rebâtir l'humanité, et le feu sacré qui doit en purifier les éléments.

Chap. II. — Deux ordres de progrès.

Dans ces deux foyers de lumière, déposés aux mains de l'Eglise, prennent source les deux ordres de progrès qui renouvellent le monde: le progrès chrétien et le progrès classique.

Le progrès chrétien est individuel et invisible. Qui voit les effets d'un sermon sur un auditoire; de la grâce divine sur le cœur de l'homme? Le second, dans les crises générales qui lui sont propres (et il y en a trois), est extérieur et collectif. Les écoles du moyen-âge remuèrent l'Europe croyante; la poésie classique en réforma les mœurs; 89, en fondant le droit humain, a renouvelé la société civile.

Le progrès chrétien, nourri par l'épanouissement de l'Evangile, est permanent et continu.

L'autre, subordonné à l'explosion des trois germes classiques dans notre histoire, procède au fur et à mesure de nos renaissances ; il est marqué par les révolutions que chaque renaissance entraîne après elle.

Du foyer chrétien dérive la souveraineté monarchique et le principe d'hiérarchie gouvernementale. Ce principe est inhérent au dogme luimême ; il tient à la révélation individuelle et locale de la crèche. Au foyer classique prend source la souveraineté collective et démocratique ; elle dérive des vérités naturelles que dégage la révélation universelle et permanente de la nature : *sol luces omnibus*.

La connaissance de ces deux ordres de progrès et la doctrine de leur alliance, de la réciproque solidarité que les lie est la clé de l'histoire et la science des révolutions. Comment et par qui s'est opérée cette alliance ?

Chap. III. — Origine religieuse de la Monarchie.

Au point où l'histoire ancienne finit, où l'histoire moderne commence, un homme enjambe la frontière des deux mondes, portant dans sa tête la Bible et Homère, deux sociétés immortelles, deux souverainetés qui font unité de culte et de vie dans l'âme de Constantin. A la place du grand homme, supposez Genseric ou Attila, c'est un gouffre où le monde civilisé disparaît. Mais le flambeau allumé par le dernier César, après lui reste sans candélabre. Le christianisme n'est qu'un juif-errant sans feu ni lieu. Qui lui donnera place au feu et à la chandelle ?

Clovis donne une patrie au Dieu des chrétiens — la patrie, reine et mère des peuples à venir. — En faisant la France chrétienne, Clovis lui donne pour phare le double flambeau dont le génie de Constantin est encore l'unique foyer, et le Franc disparaît. Légataire des deux fondateurs, Charlemagne bâtit à Rome l'autel de l'alliance ; il fait *une* et personne, dans la personne du Pape, la Société des arts et le spiritualisme chrétien. Il fonde politiquement le catholicisme, ou plutôt il érige en puissance politique les éléments du culte catholique ou universel.

L'autorité des principes devient visible, et met la main aux affaires humaines. « Une fois la pa» pauté portant couronne, son influence politique » augmenta. » Observation vraie, mais seulement dans le rayon de sa lumière : l'horizon romain. En France, le pouvoir n'est pas fait, les deux autorités ne se donnent pas la main, et le pouvoir reste sans boussole. Les trois ancêtres de l'histoire qui commence au pied de la croix, ne sont que des pouvoirs transitoires précurseurs de l'unique monarchie qui est au monde : celle par qui seront opérés le transbordement et la fécondation des principes. Il reste d'eux l'acte fondateur et le principe établi ; le reste est branche morte.

Le premier de ces pouvoirs a fondé politiquement l'unité divine ; l'autre, l'unité politique ; le troisième, l'unité catholique. L'œuvre des trois initiateurs a préparé la monarchie héréditaire.

Chap. IV. — Son origine française.

Celle-ci commence quand le chef de la troisième race répète sur l'Eglise de France le rôle de Charlemagne sur l'évêque romain, et fait à notre Eglise la situation que Charlemagne a faite au Pape.

Par les biens donnés au clergé, notre Eglise, devenue personne civile, est mise en demeure de chercher l'instrument régulateur de l'ordre civil, là où le génie de la liberté en a laissé le dépôt.

Elle commence, la monarchie héréditaire, quand une société immortelle prend possession du domaine que Dieu lui a donné à faire fructifier. Alors le titre saisit la race, et fait le prince principe : je veux dire ressort premier du gouvernement ; expression, non principe d'autorité. Alors, avec la matière classique, le monde du *beau* prend possession de la France civile, et fonde l'éducation qui transmettra d'un régime à l'autre les croyances, les idées, les sentiments dont se compose l'homme social.

Chap. V. — Son origine politique.

Quatre règnes d'établissement fondent la monarchie. Le premier en jette les bases ; elles se cachent sous terre. *Deo regnante regem expectantes.* Dans le second, le principe se fonde et se vérifie : *Regnante Roberto*, bon, clément, patient ; les trois grands attributs de Dieu, font le principe évident dans le prince. Le troisième prouve, par la trève de Dieu, que le principe entré dans le pouvoir a son représentant sacré dans l'Eglise.

Sous le quatrième, tout mal porté que le sceptre

soit, la féodalité, qui se sent dominée au dedans, épanche au dehors ses turbulences gloutonnes, et laisse le pouvoir en paix. (*)

Au cinquième, la souveraineté issue du foyer chrétien et classique, se prononce dans la royauté qui a pris du muscle. Le batailleur abat les résistances féodales, et sous la protection de son épée, la liberté s'épanouit avec la lumière. Les écoles commencent, les communes se forment, la France respire à pleins poumons. Le progrès n'est donc pas sorti par explosion spontanée du cerveau des masses ; à toute famille il faut un père, à toute caravane un chef.

Rome est donc l'organe vital où la religion naturelle, fille de l'homme et de Dieu, dépose sa lie et se régénère comme le sang dans le poumon. La France est l'organe actif qui reçoit la sève transformée de la civilisation naturelle, et la rejette dans la circulation sociale pour former un homme nouveau.

Chaque peuple a sa haute futaie de génie qui touche aux plus hautes cîmes. La France est le peuple social par excellence, parce qu'elle seule a reçu l'héritage classique, pour recomposer le modèle universel de l'homme et du pouvoir. Le passé, comme le présent et l'avenir de la France sont là.

Chap. VI. — Le plan social embrasse l'histoire universelle.

Il y a donc un plan pour le gouvernement du

(*) La féodalité, connue dans son mal, ne l'est pas au point de vue des nécessités sociales du temps barbare.

monde social. L'humanité n'est pas sans Dieu, les nations sans chef, l'homme sans père.

La lumière qui, du sommet du Sinaï, du Parnasse, du Capitole éclaire les trois peuples qui ont vécu de la religion, des arts et des lois civiles, dévoile la triple base de ce plan, à savoir: la vérité naturelle; sa forme universelle; et la loi civile sortie de ce double foyer.

Le poëte a cherché Dieu dans la nature; il en a tiré la mythologie. Le philosophe a cherché Dieu dans l'humanité; il en a tiré l'unité divine. Homère n'a pas connu le dieu de Socrate, Socrate n'a pas connu l'homme d'Homère. Mais par la puissance de la vérité partielle qui l'éclairait, chacun a pressenti la part qui lui manquait de la vérité. C'est au nom du vrai Dieu et de sa justice qu'Homère exécute l'adultère Troie. Et Socrate, le briseur d'images mythologiques, respecte la poésie d'Homère. Le vide qui sépare le poëte et le philosophe, est le gouffre où l'antiquité a péri. Mais, des deux foyers, poétique et philosophique, creusés par son génie, sont sorties toutes les grandeurs de l'histoire ancienne.

L'antiquité tombée du haut de ces trois étages parce qu'ils ne joignaient pas, Alexandre en ramasse les débris qu'il lègue à César, des mains de qui le monde classique passe sous le sceptre de Constantin. L'œuvre des trois fondateurs, est œuvre d'homme, non d'autorité (¹), mais l'inspirateur est là. Le génie, dans le pouvoir, est l'instrument du

____

(1) L'autorité c'est le christianisme et l'art.

principe nourricier des sociétés; il n'est pas ce principe lui-même. Il faut chercher hors de la politique la force morale qui donne la vie à l'histoire et cimente les événements : *mens agitat molem*. Cet amas de ruines vivantes qu'Alexandre a ramassées autours de sa nouvelle Athènes, est là pour reprendre vie et trouver le vrai titre de la mythologie.

Entre la lumière d'Athènes et celle de Jérusalem, la vérité sort des ombres bibliques et mythologiques. La philosophie, qui se reconnaît, écrit son nom au frontispice de son temple. Le temple s'illumine et livre les secrets de la poésie. La figure théogonique n'a plus la prétention de cacher une réalité divine ; elle n'est que l'expression d'une vérité morale et d'un attribut divin : *Splendor veri*. Homère et Socrate confondent leurs lumières ; la vérité universelle, l'unité de Dieu se révèle dans sa forme universelle, le Beau. (¹)

Qui a fait l'œuvre? Est-elle encore une fois une fructification de la vitalité humaine, pour parler le jargon radical? Non. C'est le Résurrecteur des morts qui commence son œuvre. Le génie grec, entré en possession du principe qu'il avait cherché vainement — *Deus ignotus* — s'empare de la vérité qui vient de se lever, et dès ce moment, portée par le Verbe-roi, le Nil de la civilisation, la vérité évangélique prend l'empire du monde. Saint Jérôme arrive pour creuser le canal communicateur par qui le génie de l'Orient sera conduit dans le lit du

(1) L'école d'Alexandrie n'aurait donné que sa célèbre définition, qu'elle serait toujours à la tête de toutes les écoles de la Grèce, parce qu'elle en a synchrétisé le génie.

fleuve dont les eaux couvriront la terre. L'épée de César avait préparé les voies en ouvrant d'avance au christianisme, qui s'approchait, les horizons de la conquête romaine. Maintenant, Rome abandonnée par le dernier des César passe à des maîtres nouveaux. Quels maîtres? La raison, la justice existant à titre naturel dans le monde et incorporées au génie des arts et des lettres, viennent se renouveler à ce nouveau foyer de lumière qui fut placé, dit l'Allemand, au *milieu des temps, comme un pôle divin*, pour régler les évolutions de la destinée sociale. La vérité toujours ancienne est toujours nouvelle.

Si Constantin fut le lien de la réconciliation, le Concile de Nicée en fut le sanctuaire. Le Concile fut la profession de foi du genre humain et l'affirmation du Dieu des chrétiens par les disciples de la religion naturelle. Le Dieu de Platon et de Moïse, reconnu comme l'ancêtre de l'Evangile, descendit dans la réalité sociale avec toutes ses richesses de culte et de poésie.

C'est donc à la fois l'Eglise et l'Etat, le Prince et le Prêtre qui déposent ensemble, au foyer romain, les deux éléments de la catholicité, le double instrument de la rénovation du monde.

Chap. VII.—Le principe rénovateur et sa première loi politique.

Le principe rénovateur, c'est la double nature, humaine et divine, identifiées dans la personne du Sauveur.

La première loi politique du culte chrétien devenu

autorité d'ordre civil, c'est que la personne divine, entrée dans le monde par l'incarnation, soit mise en rapport permanent avec l'humanité, par une personne religieuse et une personne politique, apparentées l'une et l'autre avec la double nature du rédempteur, pour en perpétuer l'influence.

La personne religieuse, c'est l'Eglise; la personne politique, c'est la monarchie. Par l'Eglise, le christianisme saisit le monde du vrai et du beau, et dépouille la mythologie de ses alliages. Par la monarchie française, il saisit la matière classique déposée au creuset gallican, et la transforme en nouvel enseignement social. Par là, viennent s'ajouter, à l'œuvre chrétienne, les travaux qui ont fondé avant la croix le culte de Dieu sur la terre, et par là se consume le culte catholique ou universel.

C'est à ce titre que l'autorité classique est entrée en souveraine dans notre système social et que, de son côté, le christianisme a pris, sur le domaine politique, le même titre d'autorité qui lui appartient par nature, sur le terrain spirituel. Et ce titre c'est des mains mêmes de la liberté qu'il l'a reçu.

Le premier acte catholique fut l'œuvre de Constantin, quand de deux lumières il fit un seul flambeau. Le second acte catholique fut de Clovis, lorsqu'il attacha le feu sacré à la matrice qui devait produire une civilisation nouvelle.

Le troisième acte catholique est de Charlemagne, quand il rapprocha, par leurs œuvres, le monde classique et le monde chrétien, constituant ainsi le grand ressort de la société nouvelle.

Le dernier acte fondateur de la catholicité, je veux dire l'importation à nos foyers et la transformation du classique antique, fut l'œuvre collective et continue des rois de la troisième race : l'œuvre de l'Eglise et du génie français.

Chap.. VIII. — Le progrès national.

Trois cultes à restituer, promettent trois renaissances qui sortiront des sources romaines, et d'un bout à l'autre de la carrière; c'est la liberté qui tient la tête du chantier. Abeilard et saint Louis renouvellent la famille et la philosophie. Saint Louis transporte dans la politique le principe du philosophe, et le philosophe et le roi fondent le nouvel idéal de raison et de foi qui nourrira le moyen-âge. La première renaissance est philosophique.

La seconde renaissance donne à l'idéal philosophique sa forme légitime : *Les Grecs de Racine sont chrétiens*. Ici le progrès est poétique.

En présence de la beauté humaine retrouvée, le vieux monde prend lui-même en dégoût ses disgrâces, et le XVIIIe siècle passe sa vie à démolir, mais sans conscience de l'œuvre à poursuivre et des ruines qu'il amasse sur la tête des générations qui sont là. Mais l'homme classique est fondé. Il force l'homme des ruines à lui rendre hommage (1), et bientôt, devenu citoyen, il parlera la langue du droit par la voix de la Constituante, et demandera plus tard les lois de Minos. Cette troisième renaissance est civile.

(1) « On a honte de faire des vers quand on en lit de pareils ! » (Voltaire).

Le pouvoir monarchique, en France, ce n'est donc pas un homme, une famille, une race. La vertu de foi, de génie, de raison qui fit la grandeur de nos rois, n'est pas un fruit individuel et personnel, mais le produit d'une cause universelle; c'est la lumière des deux révélations transmise par l'Eglise au cœur de la monarchie, et de celle-ci dans les veines de la nation française, où elles ont fleuri par toutes les institutions qui composent le luminaire des peuples civilisés.

Partout ailleurs qu'en France, le pouvoir monarchique est un homme; le génie, la raison, la volonté d'un seul, accident heureux ou malheureux.

Chez nous, c'est la raison générale de l'histoire constituée en système d'éducation et de patronage public; pour mettre en rapport les forces libres que chacun porte en soi, avec les puissances générales d'organisation qui les règlent.

Quelle autorité gouverna le moyen-âge? l'Université.

Qui reforma l'Europe moderne? Les poëtes classiques. On déclame contre le bon plaisir. Rien de plus juste quand la critique a pour objectif un petit homme gonflé d'orgueil, qui porte écrit sur son front, nouveau Guillot, « Moi la France. »

Le bon plaisir des rois gêna-t-il la marche du progrès? Quand la philosophie réforma le monde croyant, quand le poëte classique fonda la raison moderne, Louis XIV chercha-t-il querelle au génie?

Quand la Constituante proclama le *droit de*

l'homme, est-ce que Louis XVI lui barra le passage, et dit non à la liberté?

Il faut chercher ailleurs que dans les agitations des hommes la cause des perturbations de ce temps.

Que devait la France à l'Europe en vertu de ses antécédents? La connaissance de Dieu et de l'homme.

La France devait à l'Europe l'explication de la destinée humaine, c'est-à-dire la philosophie de l'histoire et la solution des problèmes qu'elle roule dans ses flots.

Elle devait à l'Europe les deux principes universels de la communauté sociale : la Vérité universelle et la forme légitime de cette vérité. La Vérité-Principe c'est Dieu; la forme qui le prouve, c'est l'homme fait à l'image de son auteur.

Quelles sont donc les conditions de la foi dans le monde? La foi est proportionnée à la puissance des témoignages qui nourrissent dans le monde le sentiment de la présence de Dieu, par l'expression de ses attributs? Je crois Dieu, quand je le vois dans ses œuvres, la nature et l'humanité; quand l'idée divine, fixée, précisée sous des formes susceptibles d'être imitées, parle à mon cœur, à mes sens, domine et saisit tout l'homme, montrant le modèle à imiter, le terme social à poursuivre et le principe qui donne les moyens d'aboutir. Je crois et j'espère en la souveraine justice, quand je trouve sur tous les points de l'histoire la même conception de Dieu, sous une même forme indéfectible, acceptée par les siècles et transmise de génération en génération comme l'Arche sainte qui porte le principe fécondant des travaux humains. Moïse déclarant l'unité de Dieu; Homère repercutant l'écho divin dans la profondeur des siècles, et prouvant l'unité de Dieu par l'unité ou l'égalité des hommes; voilà notre catéchisme historique, notre démonstration de Dieu, le Dieu de la nature attesté par le consentement de tous; et là aussi la vérification du créateur par la créature et l'explication de ces paroles d'un grand homme d'Etat: *Il n'y a pas de civilisation hors du Dieu personnel des Grecs.*

Et si maintenant toutes les lumières de la raison et du génie viennent se ramasser autour de l'effigie chrétienne; si les vérités naturelles viennent se confondre avec les vérites évangéliques; si la mythologie nous est rendue plus vivante et plus lumineuse, si elle nous revient épurée de sa lie, et restituée à sa nature d'aspiration morale et religieuse, par les mains de l'Eglise, je dis que c'est là la démonstration de la vérité évangélique, et la consécration de la foi par la raison. C'est le Dieu de la rédemption prouvé par le Dieu de la Création, par l'identité des lois émanées de la même source.

La mythologie prouve la théologie, parce qu'elle porte à titre naturel les deux vérités fondamentales de l'ordre social, l'unité de Dieu et l'unité de l'homme. La théologie, à son tour, confirme la mythologie, puisqu'elle en emprunte les formes, pour l'expression du spiritualisme chrétien. Or, la grandeur de la poésie antique ne consiste pas seulement dans sa beauté de forme, mais encore dans les rayonnements divins qu'elle dégage. Mais si l'antiquité, malgré ses misères, fut grande par la pensée ee Dieu ; il est évident que le christianisme, qui l'a restaurée, est de plus haute lignée qu'elle. Au confluent des deux cultes, je comprends l'unité de la destinée humaine, parce que je vois le soleil qui l'éclaire, et que je me sens abouché avec la conscience du genre humain, avec l'enseignement des siècles, et les travaux du génie qui en sont la trame. Et de proche en proche ma foi se lie à la foi de tous ceux qui courent avant moi, leur foi devient ma croyance, mon âme est l'écho de leur âme, et je me trouve assis au banquet que préside le souverain ordonnateur de tout. Mais les témoignages divins qui nourrissent la foi dans le monde, qui les mit à la portée de tous ?

Chap. IX. — L'instrument de la propagation des idées.
Le style universel.

Si Dieu est le principe de toutes les lumières, l'instrument premier de la propagation des idées, c'est l'homme. Et le miroir de l'homme parfait, c'est le style qui répond à tous les mouvements de l'âme. Quelle est la langue qui jeta dans le monde idéal les vibrations de l'âme aux aspirations infinies, la langue qui répond à tous les mouvements de la vie intelligente et sensible ?

De quel *foyer sortit à toutes les époques de l'histoire l'aurore d'une civilisation nouvelle?* Quelle poésie fut reconnue par le génie étranger comme l'expression suprême de la raison, c'est-à-dire

l'instrument par excellence du commerce social?
Quelle langue s'impose aux transactions diploma-
tiques?

En pleine nuit du moyen-âge une langue est
glorifiée comme la reine future du langage humain,
et débute par un chef-d'œuvre. De quelle vie ce
chef-d'œuvre fut-il le rayonnement et l'image?

Un homme a porté l'humaine vertu au plus haut
point où elle puisse atteindre. Plus sublime que
les plus grands, plus humble que les plus petits,
sa vie ruisselant sur le moyen-âge, en a fécondé le
génie et assis la croyance, en fondant la langue
universelle qui sera l'instrument de la liberté du
genre humain? Sait-on ce qu'il en a coûté à la
France pour composer cette langue-là, pour faire
triompher les idées générales qui font la langue en-
tendue de tous?

Sait-on, aux bords de la Sprée, à quel prix nos
grands hommes, rois, prêtres, poëtes, ont mêlé
dans leur vie, associé dans leur âme, leur sang,
leur génie, les principes universels de raison, de
croyance qui sont la base d'une langue universelle?

Qui a purgé l'homme antique de ses alliages, la
société du moyen-âge de ses barbaries?

La clarté des idées, la limpidité de l'esprit tient
à la vérité de la vie, et la vérité vivante et incarnée,
c'est l'harmonie de l'homme dans la plénitude de
ses facultés équilibrées.

Où est l'homme qui a fait la langue? Comment et
par quelle main est sorti de l'homme antique,
l'homme nouveau? Qui, à toutes les époques du

progrès, a donné le diapason à l'âme française, articulé le premier la langue de l'honneur, de la foi et de la raison?

Qui fournit le modèle de toutes les vertus civiles, prouvant la vérité du principe par la vertu, la fécondité de l'action?

Droiture, justice, clémence, bonté, patience, qui en imprima le caractère dans l'âme de la nation?

Dans quelle histoire voit-on défiler ces rois modèles: le Pieux, le Fort, l'Auguste, le Lion, le Saint, le Hardi, le Sage, le Bon, le Juste, le Père du Peuple, le Père des lettres?

Il n'y a qu'une contrée au monde où les deux lumières, chrétienne et classique, se soient rencontrées pour composer l'autorité: c'est Rome. Une seule contrée où les deux révélations se soient incarnées dans une puissance publique, pour composer le pouvoir expressif et garant des lois portées par l'autorité: Paris.

Le dogme chrétien a régné, comme direction politique, là où la puissance religieuse a contrôlé le pouvoir civil, pour l'affermir inviolablement dans la droite voie. L'ordre civil a parlé, dans l'Eglise, comme règle temporelle, là où l'Etat a pu contrôler efficacement l'Eglise sur le terrain des affaires. Il suit de là que l'art classique est devenu chrétien, là où la Sorbonne a surveillé l'Université en lui versant ses lumières; et que le dogme chrétien a pris forme classique là où l'Université a fourni à la théologie les doctrines et les formes de la raison.

Or il n'y a que l'Eglise de France qui ait action

au spirituel sur le pouvoir politique , parce que c'est elle qui le nourrit, de même il n'y a que la monarchie française qui ait action sur l'Eglise au civil, parce que c'est de nos rois que le sacerdoce a tiré sa puissance temporelle et qu'ils sont, eux, identifiés par un travail de vingt siècles avec le génie restaurateur de l'ordre naturel. Voilà pourquoi « il n'y a qu'une monarchie au monde, la monarchie française ; toutes en sont filles ; toutes s'en iront avec leur mère » (1)

La généalogie royale qui part de Constantin, est l'arète végétative sur laquelle le Christianisme a fait ses fructifications temporelles. Elle fut la souche en qui et par qui les deux génies antique et chrétien ont mêlé leur sève dans des fruits nouveaux. Si nous cherchons aux dernières profondeurs de l'histoire les ancêtres premiers de la civilisation, nous trouvons les idées et les croyances de l'humanité incorporées à cette longue file de luminaires vivants qui, depuis Louis XVI, remontant la chaîne des âges, va, par Clovis et Charlemagne, s'embrancher à Constantin, dont les racines embrassent tout le vieux monde.

Le génie français s'est donc emparé de la poésie classique pour la transformer dans sa propre subs-

(1) Rectifions par les leçons mêmes du génie, les apparentes erreurs qui échappent à ses découragements. « Si le *Génie du christianisme* était à refaire, dit l'auteur dans ses mémoires, je le composerais autrement.» Ce plan nouveau que rêvait le poëte, c'est la *religion qui cesse d'être politique et qui devient philosophique;* c'est la doctrine scientifique du culte dont le *Génie* fut la poésie.Or, de même que la religion philosophique, son heure venue, doit succéder politiquement à la foi sans examen ; de même, la monarchie octroyante, parvenue à la fin de ses travaux, à la 3e Renaissance, a pour successeur nécessaire la monarchie constitutionnelle.

tance. Il a pris du grec, l'inspiration; du génie romain, la fermeté et la vigueur. Il a recueilli les poésies de la nature, interprêtées mythologiquement par le poëte homérique, et les a combinées dans une admirable harmonie, avec les poésies de l'âme et de la religion. Eclairant d'une lumière sans pareille toute la portion de l'histoire humaine qui vit les travaux de la liberté et des arts, il a transporté sous nos yeux les grandes vérités de l'esprit et des passions et reverdi pour l'enseignement du monde tous les grands drames dont se compose la trame de l'histoire de l'autre côté de la croix, donnant à chaque mouvement de l'âme l'accent voulu pour remuer les esprits et les cœurs.

Chap. X. — Renaissance ou Décadence.

Toute la destinée humaine est là, c'est-à-dire l'existence de Dieu et du Christianisme, l'Eglise et la Monarchie, les arts et la religion et toute la puissance organique par qui marche le monde civilisé.

Par le blasphème luthérien, Dieu est chassé de ses œuvres et le monde social devient une création sans soleil. Histoire, poésie, philosophie, tout disparaît avec la foi divine. Le rideau tombe sur les annales humaines et le mémorial de l'histoire devient un gouffre sans écho. *L'immense mer des opinions humaines,* océan sans étoiles et sans soleil, n'a que des récifs et des naufrages.

Pas de jugement possible sur les hommes et les choses, en religion, en politique et en matière d'art, parce qu'il n'y a pas de point de repère; nulle mesure pour les juger. Qu'est-ce que la *religion qui*

cesse d'être politique et qui devient philosophique?
Or, voilà les aspirations du monde moderne depuis
Malesherbes et Turgot. Quel est le titre et la valeur
de la forme classique, comme prototype de raison
universelle? Quel est son rôle comme autorité
dogmatique dans le système religieux? Quelle est
son autorité de forme comme puissance de culte et
sa légitime influence sur les réalités sociales pour
les changer? Le progrès, pour M. Veuillot, consiste
à se rapprocher de l'Eglise, et la doctrine de
l'*Univers* conduit le monde aux antipodes de la
catholicité.

Le progrès, pour le socialisme, c'est de rompre
avec l'Eglise et de réduire le cléricalisme à néant.
Or, si la liberté, l'égalité, la fraternité ont reverdi
sur nos terres modernes, c'est à l'Eglise qu'on le
doit. « Nous devons au christianisme une concep-
» tion de la fraternité que les anciens n'ont pas
» connue. » — (J. Favre).

Niez l'Eglise et la Monarchie, l'horizon des idées
se retrécit, l'activité de l'âme n'ayant plus le champ
ouvert à ses aspirations, retombe sur elle-même ; la
vie se concentre dans un moi caduc, égoïste et
brutal.

La sève humaine reflue et fermente, en dévorant
la vie, comme un volcan sans cratère mine, de ses
bouillonnements souterrains, les plaines envahies
dont il fait une solfatare. Dieu défaillant, la boussole
humaine est renversée ; l'infini qui vous échappe
dans le ciel on le poursuit sur la terre ; amasser,
entasser, dévorer... La vie s'en va comme une

avalanche qui roule en grossissant toujours, pour se briser enfin, écrasée par son propre poids, en laissant en arrière une avenue de malédictions, autour d'elle un champ de ruines.

Voilà ce que fait en France chaque révolution de la société morale tournée en lie.

Si je n'ai rien à croire de ce qu'enseignent les arts et les lettres, d'où me viendront les directions de la vie? Et si ce passé manque, où puiser la prévision de l'avenir? Si je n'ai rien à prendre dans les travaux qui les ont restaurés; s'il n'est rien de certain, dans l'histoire, comme autorité de principes et d'expérience; rien de commun entre moi et l'humanité de tous les temps, entre l'esprit de l'homme et les révélations de la nature; si l'homme n'a rien transmis à l'homme, comme affirmation de Dieu et principe social; si le père n'a rien légué à l'enfant pour la direction de la vie; toutes les traditions faisant chaîne, de croyance et d'expérience; si les hommes qui ont fait parler la création et traduit en poésie humaine les poésies de la nature, ont vu de travers; si les hommes qui ont reçu le dépôt des vérités évangéliques, bredouillent et radotent; s'il est vrai que la Renaissance est une décadence, c'est que l'Eglise a failli, et si l'Eglise a failli, le Christianisme est par terre. C'est toute l'économie de la civilisation qui disparait, la pensée de Dieu blessée à mort.

Le Dieu de la création est atteint, parce que ses attributs, personnifiés par les arts, sont le sujet du culte universel: brisé le prisme, évanouie la lumière.

Le Dieu de la rédemption, parce qu'il a voulu la restauration des arts et des lettres.

L'Eglise, parce qu'elle en fut le médiateur, la monarchie française, parce qu'elle servit d'instrument à l'Eglise pour son œuvre restauratrice.

Et l'art, les lettres, l'histoire, la politique ?

L'histoire est l'alliance permanente de la muse antique avec le génie chrétien. Celui-ci donne à la beauté antique l'âme qui lui manqua. L'autre donne au spiritualisme chrétien les organes sensibles empruntés aux harmonies de la nature, qui lui donnent action sur le monde civil.

Les deux flambeaux éteints, ou réciproquement en discorde, l'histoire n'est qu'une succession de tempêtes, scènes de sang et d'incendie, des colères sans raison et sans but, des luttes sans drapeau et sans trêve, un enfer de monstres qui s'entre-dévorent, et pas une issue de lumière, pas un pouce de terre à l'espérance

Chap. XI. — Résumé des controverses humaines.

Toutes les controverses de l'histoire se retrouvent dans les écrivains du XIX⁰ siècle. C'est M. de Maistre qui a sonné le premier coup de tocsin : *il n'y a plus de religion dans le monde.* Pourquoi ? Un peu plus tard Chataubriand ajoute : « La religion cesse d'être politique, elle devient philosophique. » Et après lui M. Cousin : « La foi naïve est morte, mais une foi réfléchie ne peut-elle la remplacer ? »

Arrive Montalembert, avec cet anathème à fond de train, dont Lamennais son maître a donné le signal : Renaissance, Décadence. Ensuite, voyant apparaître sous forme de procession la bacchanale idéale de *L'Univers*, M. de Montalembert rompt bruyamment avec le porte-lanterne de l'hérésie.

Arrive le P. Lacordaire qui, après avoir lancé du haut de la chaire catholique ce brandon incendiaire : *La raison est fille d'enfer*, écrit ces paroles mémorables : « S'il fut donné aux Grecs et aux Latins « d'agir sur l'Eglise, c'est par un dessein de Dieu, « que l'on méconnaîtrait en se séparant de leur litté- « rature.»

Il faut fouiller au fond des doctrines modernes pour trouver le point de départ de leurs contrastes et le terme commun de leurs aspirations.

Le philosophe savoyard, bousculé par la révolution, qu'il voit attifée à la grecque, sous la Terreur, maudit les Grecs comme *le plus vil des peuples*. Plus tard, le monde apaisé, la lumière rentrée dans le temple catholique avec le *Génie du christianisme*, l'écrivain change de vue, et dit : les Grecs sont nos maîtres ; non seulement parce qu'ils sont le peuple qui a le plus éloquemment écrit ; mais aussi celui qui a le plus sagement pensé.

M. Cousin, qui avait rapporté de Berlin le panthéisme, travaillé par les luttes de la Restauration et les grandes autorités littéraires qui les dominent, fait un pas hors du fatalisme hégélien, et dit sur la tombe de Jouffroy :

« Tant que la philosophie ne sera pas parvenue « à la religion naturelle elle ne vaudra pas le féti- « chisme. »

A son tour, M. de Chateaubriand, voyant s'élargir l'horizon de ses premières années littéraires, écrit sur le dernier jalon qu'il plante : *la religion marche au grand principe de l'Evangile, l'égalité démocratique, naturelle devant les hommes comme elle existait devant Dieu.*

Enfin M. Cousin revoyant sa vie et complétant ses doctrines, adresse ces paroles aux artistes :

« Artistes chrétiens, ne désespérez pas de vous-mêmes et de Dieu ; étudiez l'âme en présence du Beau.

De son côté M. Guizot concluant les dires de la philosophie, résume ainsi les expériences du siècle qui nous emporte : « Il n'y a pas de société possible « hors du Dieu personnel des chrétiens ; pas de civi-« lisation hors du Dieu personnel des Grecs. » Ajoutons cette pensée de G. Sand : « *Le christianisme a produit ce qu'il y eut de plus héroïque sur la terre.*»

Et celle-ci de Proudhon : « Chaque fois que « l'humanité voudra retrouver le Beau absolu, c'est « le génie grec qui la ramènera dans la voie.»

Ce qui se dégage de ces contrastes c'est que nos agitations ont pour cause l'opposition inconsciente qui existe entre les instincts de liberté et d'ordre naturel déposés dans la matière classique, et les instincts de liberté chrétienne dont le culte catholique est le foyer ; ni l'un ni l'autre des partis nés et nourris de ces deux foyers n'ayant conscience de sa loi.

De là cette bascule révolutionnaire dont la France est ballotée entre les gouvernements qui se succèdent, gouvernements congénères par les principes, contradictoires par les intérêts et les passions.

D'où suit que dans les luttes entre la république et la monarchie, luttes qui finissent toujours par avorter en révolution, chaque parti a sa raison d'être et des arguments qui se valent.

C'est ainsi que M. E. Ollivier, soutenant pour Charles X le droit de faire les Ordonnances, n'était pas moins fondé en raison que M. Guizot qui contestait ce droit. Mais pour que le principe, de part et d'autre (souveraineté du peuple, souveraineté royale) fut inattaquable, il fallait que chaque parti eût conscience de son origine, de sa fin et des conditions de son harmonie avec le parti contraire.

La monarchie, sachant sa constitution complexe, doit regarder la démocratie comme son fruit, puisqu'elle en fut le restaurateur.

La démocratie, qui s'est vue renaître sur le trône monarchique, doit regarder comme identique à sa nature morale et religieuse le pouvoir qui lui a donné le toit et le pain.

Au reste MM. Thiers et Guizot prouvent à quel point l'homme, dans l'écrivain homme d'état, peut modifier la doctrine.

M. Thiers qui débute en vilipendant la république, afin de devenir ministre de la monarchie de juillet, finit sa vie en diffamant la monarchie, au profit de la république, pour en être le président.

C'est le contraire qui a lieu chez M. Guizot.

Celui-ci, qui exagère en 1830 les droits de la liberté et de la raison, au nom de laquelle il prétend gouverner la France, refait sa vie, à la fin de sa carrière, et, rétractant la politique qu'il a soutenue inflexiblement jusqu'au bout, il ne voit « plus de « société possible hors du Dieu personnel des chré- « tiens; pas de civilisation, hors du Dieu personnel « des Grecs. » A quoi le doctrinaire ajoute ces graves paroles, gouverné qu'il est par ses souvenirs, et aussi par le sentiment profond de la nécessaire harmonie des deux principes qui dominent toute sa vie de penseur et d'écrivain : « Ni le roi ni les » divers cabinets n'ont bien compris la nature de » M. de Chateaubriand, ni apprécié assez haut son » concours ou son hostilité. »

M. Guizot aurait pu s'ajouter au nombre des hommes politiques qui avaient méconnu le génie de Chateaubriand ; mais son dernier testament efface ses rancunes *doctrinaires*.

CHAPITRE XII. — LAMENNAIS.

Ainsi la France a conduit les controverses humaines dans le lit du fleuve qui les porte à leur solution, le fleuve élargi par Chateaubriand, et dans lequel s'est précipité, comme un torrent des montagnes, le génie de Lamennais ; parce que c'est dans ce fleuve que se mêlent incessamment les eaux de l'histoire et de la philosophie.

Eclairée par notre histoire, l'autorité de sens commun que Lamennais veut, organisée et parlante, s'expose en pied sur le chevalet de Rome. C'est le vrai, le beau et le juste dont toute âme porte le germe.

La vérité qui fut un peuple, Israël ; la poésie qui fut un peuple, la Grèce ; la loi civile qui fit du peuple latin le maître du monde connu, forment à Rome un conclave éternel aux décisions infaillibles comme les *lois antérieures* et supérieures dont Homère fut l'appariteur. Jérusalem enseigne Dieu, Athènes enseigne l'homme, Rome enseigne la loi.

De Rome, ce grand triumvirat de la civilisation, vient, dans les mains du génie français, fondre l'airain des vieux autels, et composer l'effigie humaine qui sera l'abrégé vivant du patronage social.

Au centre de ces forces actives, mises en jeu par le génie chrétien, le vicaire de Dieu, humble comme l'apôtre, savant comme l'instinct du juste qui devine, gouverne tout le système et fait marcher la catholicité, commandant sans parler le génie et la science. Quel est en effet l'objet du génie? C'est de révéler Dieu par l'homme, le Vrai par le Beau, la loi biblique par la loi poétique. Eh bien, sur ce terrain de l'ordre visible et moral, si le génie trébuche, le prêtre ne se trompe pas, et ce qu'il condamne au nom de la foi, quarante siècles de génie le condamnent au nom de la raison.

Ainsi Lamennais s'était trompé dans sa première entreprise, quand il n'avait vu à Rome que l'homme dans le prêtre, isolé du génie et des arts, les répondants philosophiques de la foi. Ici le poète fit défaut au prêtre.

Il se trompa dans sa seconde entreprise, quand, voyant au début de l'histoire la civilisation éclore, avec la poésie, du cerveau d'Homère, il ne suivit pas les révolutions de l'Orient portant avec le monde classique les traditions vivantes de l'humanité, au foyer chrétien, devenu le centre de leurs nouvelles évolutions. C'est le prêtre ici qui fit défaut au poète resté tête-à-tête avec une souveraineté impossible à définir et laquelle laissa Lamennais sur les versants du panthéisme.

Chap. XIII. — L'objectif général du progrès humain.

Le catholicisme est la synthèse de l'ordre naturel, lequel a ses lois et ses formes de culte dans la matière classique, avec le génie chrétien qui reprit l'antiquité pour l'épurer. L'alliance des deux génies, dans nos institutions, est tout le progrès de l'histoire. L'instrument du progrès, sur le domaine religieux, c'est l'Eglise ; sur le domaine idéal, c'est le génie antique ; sur le terrain politique, c'est la monarchie française.

Il n'y a qu'une Église au monde, celle qui a recueilli la mythologie dans les écoles d'Athènes ; une seule monarchie au monde, celle qui reçut l'héritage classique des mains de Constantin. De même il n'y a qu'une seule République, celle qui enseigne l'égalité par l'esprit, au nom de l'autorité chrétienne ; et l'égalité par la forme, au nom de l'autorité classique.

A cette heure, l'édifice des lumières est renversé.

La Religion ? il y en a deux : celle qui a fait la restauration des arts et des lettres, et celle qui déclare depuis quarante ans que la Renaissance est une décadence : guerre et chaos dans le monde des croyances et des idées (1).

(1) Les colères de cette heure contre l'Eglise ne voient que *cette religion de despotisme et d'orgueil* « qui appelle sur ses » adversaires, dit un prélat, toutes les colères du Ciel, et, si elle pou- » vait, tout les bûchers de la terre. »

Et si l'Église disparaît, que deviennent les institutions qui ont fleuri sur la tige catholique ? La
monarchie ? Nous ne savons rien de son rôle
hiérarchique et conservateur, par le dogme chrétien ; rien de son rôle égalitaire et progressif, par
la matière classique. La République, j'en connais
trois qui sortent des événements.

Celle de la pauvreté, qui honora les hommes de
93 ; personne n'en veut. La République des arts et
des lettres, Carrel, Arago, Cavaignac, Béranger et
Proud'hon..? Elle fait ses évolutions autour de
l'axe monarchique (1).

Reste la République interlope : ni Dieu, ni Roi,
mais force écus ; aussi ennemie du patriotisme et
de l'égalité, de tout ce qui a fait la grandeur antique que du brouet noir des Spartiates.

Voilà donc la France tête-à-tête avec le socialisme.

Le socialisme n'est pas français, il est fils
d'Hégel. Par sa philosophie, la doctrine Hégé-
lienne change la négation de Luther en affirmation
de panthéisme, et gangrène l'Europe morale.

Par sa politique, le droit de la force, le pouvoir
qui lui sert d'instrument provoque toutes les réac-
tions du communisme, la révolte et l'assassinat. Du
moment que l'athéisme est emmanché d'un peuple,
il agit au dehors, comme influence nationale, avec
l'autorité d'un principe officiellement établi. Alors,
dominant les hommes et les partis, il attire dans
son lit tous les courants fourvoyés de la révolution

(1) « Les républicains m'ont écrit à Edimbourg pour me proposer
de me remettre sur le trône, »

européenne, et les convertit à sa nature. Et le socialisme, c'est Spartacus en arrière et Babœuf près de nous. Par la France, les instincts de la liberté naturelle étaient ramenés dans la voie chrétienne. La France manquant à l'œuvre d'édification, le socialisme reste ce que sa nature le fait, le nivellement par la force; voilà le danger. Il vient de la Prusse, et embrasse l'Europe par la solidarité des principes et les affinités de tendance. « Oui, » M. de Bismark, vous êtes l'ami de M. Gambetta » et de M. Crispi, comme vous l'étiez en 1870 de » Klapka et de Garibaldi. » Haine de l'Église, haine du génie, haine de la « grande nation », c'est l'unité, pour le renversement, par la négation des principes, qui se constitue; c'est l'humanité de la force opposant à l'humanité du droit autel contre autel.

Est-ce bien là l'intérêt des peuples et la volonté des pouvoirs? Quand les souverains de la Sainte-Alliance invoquèrent la Très-Sainte-Trinité, Père, Fils, Saint-Esprit, ils se déclarèrent implicitement soumis à l'ordre social sorti du foyer chrétien. Cet ordre nouveau, mélange de raison et de foi, c'est par les mains de la France qu'il prend corps. Et c'est en cette qualité qu'Alexandre, en 1824, et le Roi de Prusse, en 1821, l'honorèrent de leurs hommages. Quel cas la Prusse a-t-elle fait de la politique de ses princes, quand elle s'est ruée sur la France, comme autrefois sur Rome, pour le pillage et le ravage? Est-ce qu'elle croit qu'il est permis aux peuples de violer impunément les lois morales dont l'infraction, par les particuliers, était punie de mort chez les anciens?

Ce roi de Prusse, dont le *Génie du christianisme* remeubla les oratoires, et qui fit un si bel accueil à l'auteur du *Génie...*, a-t-il légué à sa descendance le droit de bombarder, à Paris, les monuments d'où partit la civilisation qui a changé la terre? Quand les Princes donnent l'exemple du mépris pour les autorités saintes qui les rapprochent de Dieu, qu'attendent-ils des peuples qu'ils ont à conduire?

Chap. XIV. — La Presse et les deux solutions.

La Presse française doit le *fiat lux* à l'Europe de ce temps.

C'est à elle de mettre en lumière la raison générale des événements humains hors de laquelle il n'existe pas de raison, mais des passions qui s'entre déchirent. Elle prouvera que les trois cataractes lumineuses qui ont précédé la croix coulent de la même source de vie; que les trois Renaissances chrétiennes ne sont que la remise en scène, sur un plan nouveau, des trois principes de l'ordre naturel, dont vécurent les trois peuples qui ont civilisé la terre.

Par l'unité de la politique française depuis Charlemagne, elle prouvera le plan providentiel que cette politique a mis en action; par la généalogie des institutions et des peuples, elle prouvera la génération des principes, et le principe premier de qui relèvent les autorités nourricières qui font marcher le monde depuis quatre mille ans.

Elle fera connaître que le progrès n'est autre chose que l'alliance des deux génies, classique et chrétien : la révolution, l'effort collectif de la société, mûrie par le progrès, contre les obstacles qui l'arrêtent; la révolte, l'insurrection de la raison individuelle contre l'autorité des lois générales qu'elle ne comprend pas, ou dont l'application lui. fait peur.

Il faut qu'on sache que le monde, arrivé à sa troisième et dernière époque de progrès, l'ère] du droit civil, veut en connaître les ancêtres; parce que le droit est fils des lumières, qui sont filles de la religion; toutes choses nées du Dieu personnel dont le génie a mis le signalement du faîte à la base de notre histoire. Si, depuis 89, le monde est en possession du droit civil, il n'en connaît pas la constitution morale et les moyens d'être; il ne sait pas les éléments qui font l'homme souverain, soit par la vérité absolue des idées, soit par la vérité de la forme. Il faut que la constitution de l'homme classique, en qui viennent se réunir toutes les lumières émanées de Dieu, de la nature et du génie, soit connue de tous; et de même que l'humanité veut entrer en possession de sa destinée sociale; il faut que chaque homme retrouve l'humanité dans sa vie.

Ajoutons qu'il n'a pas ses moyens d'être. Un bloc d'hommes d'affaires ont volé un patrimoine; comment le disputer aux voleurs? Ils ont l'argent qu'il faudrait pour payer la bazoche. L'assistance ? c'est une charité hypocrite; et qui la fait? Des juges, procureurs, avoués, jugeant à huis-clos entre le bourreau et la victime, et les bourreaux ce sont des procureurs et des avoués comme eux? Tuez donc, mais ne parlez pas de justice où Dieu n'est pas.

Quand l'homme verra, dans sa vie, celle de ses semblables, qu'il se retrouvera lui-même, dans le miroir du beau et du vrai, sur tous les points de l'histoire; quand il saura ce qui doit rester, et ce qui doit passer, des éléments sociaux dont la vie se compose; alors il sera véritablement souverain par la possession des choses qui durent; moins ardent à poursuivre, moins âpre à défendre les faux biens qui grèvent la vie et font les révolutions. Et les richesses morales croissantes de jour en jour, rétablissant peu à peu l'équilibre au profit de tous, la paix sera proche. Jusque-là, l'Europe, roulée dans nos ouragans sans rien comprendre à nos discordes, cherchera la France, des lumières, et ne verra qu'un volcan. Ce n'est donc pas seulement l'Europe qui tremble, c'est la civilisation en masse qui se démentèle sous les coups de bélier de l'athéisme Hégélien, et l'Europe ne retrouve plus le fils rompu des destinées de la civilisation. Ce fil, l'histoire le renoue aux yeux de qui l'interroge avec l'intention de la comprendre. La Constituante fonda le droit de l'homme, et pour l'affranchir plus vite, elle détacha le fruit de l'arbre qui l'avait porté, l'Église, en ébranlant la catholicité. Que devint le monde classique quand il fut séparé de la foi, et que devinrent la liberté et les droits de l'homme dans les mains du talion et du communisme ? Charles X, menacé par le passé de son frère et surmené par la congrégation, se cantonna dans son principe religieux, et blessa les droits de la liberté, laquelle d'ailleurs était incapable de dire ce qu'elle voulait.

Sous Louis-Philippe, les deux principes, la raison et la foi, tentèrent la première épreuve du gouvernement constitutionnel. Mais ni peuple ni roi ne savaient la mesure de leurs devoirs, la limite de leurs droits et les bases certaines de la souveraineté monarchique ou démocratique. La réaction anti-congréganiste produisit des folies digne de 93, et l'absence du souffle religieux dans les arts et les lettres, les poussa dans ce réalisme brutal ou le socialisme franco-prussien les a trouvés.

M. Guizot, jugeant son temps dans les pénombres de sa tombe, après cinquante ans d'épreuve constitutionnelle, a nettement associé les principes des pouvoirs nouveaux aux bases éternelles de l'ordre social, le *Dieu personnel des chrétiens* et le *Dieu des peuples classiques* dont il a vu, dont il a montré la double lumière, réunie dans le flambeau qui, par la main de Chateaubriand, éclaira le matin du XIXe siècle.

Mais Chateaubriand a laissé la société croyante entre le monde classique et le monde chrétien, sans donner la loi de leur harmonie ; et la société politique, entre la république et la monarchie, sans dire la solution de leur contraste.

Lui-même écrit : « Si le *Génie du christianisme*

» était encore à faire, je le composerais tout diffé-
» remment. » Quelle fut donc l'œuvre du poète, et
que lui manque-t-il?

Chateaubriand rapprocha les deux hémisphères
de l'histoire par leur poésie de culte et de rêve. Il
laissa aux travailleurs à venir le soin de les relier
par leurs fibres dogmatiques et par les réalités
nées de leur rapprochement. Ces fibres, c'est la
vérité naturelle qui rayonne dans le *beau*, et la
vérité surnaturelle que le foyer chrétien dégage.

Quand aux réalités qui tiennent à la philosophie
de l'histoire, ce sont les trois révélations Juive,
Grecque et Romaine, reproduites par nos trois Renaissances, et constituant par leur consanguinité
prouvée avec le progrès chrétien, l'unité de la destinée sociale.

Il n'est pas vrai que la France soit en majorité
socialiste. Nous sommes trente-trois millions de
Français, chrétiens et catholiques, contre trois millions et deux ou trois cent mille socialistes. Nous
avons derrière nous l'Église, la Magistrature et
l'Armée, et toutes les institutions qui ont servi de
règle à l'Europe. Dix-huit millions de femmes ayant
une âme chrétienne, ont droit de voter avec nous
sur les deux questions capitales qui sont les pôles
du monde social : *La France croyante ou la France
athée; le Dieu des arts et des lettres, ou le Dieu néant*
que chacun se forge à sa guise et qui nous fait néant
comme lui (1). Eh bien, un caporal sortant des rangs

(1) Le socialisme, autrement dit le système de la refonte intégrale,
implique le droit de se faire un Dieu à sa guise, c'est l'histoire de toutes nos folies.

pour défendre sa mère et toutes les mères, sa femme et toutes les femmes, sa fille et toutes les filles, sa sœur et toutes les sœurs, a le droit de crier aux armes. Et les chefs de l'armée, commandés par la voix de l'honneur et de la patrie dont ils portent l'emblème sur la poitrine, ont droit et devoir de prendre la tête de la croisade patriotique pour assurer la liberté du vote à la conscience française, déclarant, à la face du monde, les lois éternelles par lesquelles seules il est donné aux hommes de pouvoir vivre en société. Voilà le suffrage véritablement souverain ; car ce qui parle ici, c'est la voix de la raison universelle, libre du joug des passions. Si Dieu existe, il a mis son nom dans la conscience humaine. Et si l'âme humaine garde le nom de Dieu, le génie en a mis le signalement dans les arts.

L'affirmation de Dieu par la conscience publique est la première base de la souveraineté politique.

L'autorité des arts et des lettres invoquée comme affirmation de Dieu et des principes de la civilisation par les chefs de la Sociéte, complète l'affirmation démocratique et la fait aboutir. Et comme les forces hiérarchiques se résolvent dans l'unité gouvernante comme les arts, les lois, les dogmes, les formes de culte, toutes les institutions échelonnées dans l'histoire dont se compose l'ensemble gouvernemental, s'embranchent au trône monarchique, c'est au représentant historique de toutes ces forces qu'il appartient de parler, *à priori*, au nom de la civilisation, pour atfimer et protéger les prin-

cipes qui la font vivre. Et sa voix, la voix des siècles, de l'église, de la magistrature, de l'armée,
rencontrant la voix des mineurs, fera éclater
comme un tonnerre la conscience du genre humain :
Vox Dei.

Deux princes représentent les deux mondes-
frères qui travaillent à se constituer. Mgr de
Chambord n'est pas plus ennemi des progrès que
ses ancêtres ont préparé, que le comte de Paris
n'est adverse aux traditions de la liberté que son
noble père avait puisée à la source commune. Eh
bien, si les athées de l'intérieur appellent à leur
aide, pour une œuvre de renversement, les socialiste du dehors, les princes qui représentent à la
fois les droits des peuples et les droits des traditions nationales, ont droit et devoir d'appeler
l'Europe au secours de la civilisation menacée pour
restituer la clé de voûte de l'édifice qui nous abrite
tous. La grande charte de la légitimité sociale à
la main, ils ont droit et devoir de rappeler à l'Europe que si le génie de la France lui servit de
phare à *toutes les époques mémorables du passé*, la
troisième et dernière étape du progrès où nous
sommes arrivés ne peut être franchie que par elle.

Pour la France du dix-neuvième siècle, le jour
du grand combat est arrivé.

Mme DE L. BATBIE.

Madame de L. B., nièce du Recteur de ce nom et cousine du
Conseiller, frère du Recteur, était née dans une maison qui fut le

refuge des nobles et des prêtres sous la Terreur : de là son mariage. Elle est morte sans avoir vu la religion de Saint-Louis étouffée par la *religion du despotisme* et d'orgueil, le prétoire afficher la négation des lois, et la France tombée sous les pieds des Vandales. Ceux de ses enfants et petits-enfants qui se défendent sur sa tombe, ne comptent dans cet écrit que pour ce qu'il a de disgrâces.

Bordeaux. — Impr. ADRIEN BOUSSIN, rue Gouvion, 20.

289

www.ingramcontent.com/pod-product-compliance
Lightning Source LLC
Chambersburg PA
CBHW051735050726
47598CB00003B/1202